Artistes | numéro 67

LUCAS CRANACH L'ANCIEN
OU L'AFFIRMATION DU GÉNIE GERMANIQUE

— Piété et érotisme dans l'œuvre d'un peintre de cour

par Anne-Sophie Lesage

50MINUTES

Avec la collaboration d'Elisabeth Bruyns

LUCAS CRANACH L'ANCIEN

- **Nom ?** Lukas Müller ou Lucas Cranach, dit l'Ancien.
- **Naissance ?** Né aux alentours du 4 octobre 1472 à Kronach.
- **Mort ?** Décédé le 16 octobre 1553 à Weimar.
- **Contexte ?** L'espace germanique au XVIe siècle et la Renaissance allemande.
- **Œuvres majeures ?**
  - *La Crucifixion des Écossais* (vers 1500)
  - *Le Martyre de sainte Catherine* (vers 1508-1509)
  - *Lucrèce* (vers 1510-1513)
  - *Martin Luther et Katharina Von Bora* (1529)
  - *Le Jugement de Pâris* (vers 1530)
  - *Les Trois Grâces* (1531)
  - *Vénus et Cupidon voleur de miel* (1531)
  - *Allégorie de la Justice* (1537)

Lucas Cranach l'Ancien est un peintre, graveur et dessinateur allemand qui, par la diversité, la renommée et la longévité de son œuvre, s'impose comme une grande figure artistique de l'Europe du XVIe siècle. À l'image d'Albrecht Dürer (1471-1528), d'Albrecht Altdorfer (vers 1480-1538) ou encore de Hans Baldung Grien (1484/1485-1545), il est un acteur incontournable de la Renaissance dans les pays du Nord, et compte parmi les grands maîtres de l'école allemande telle qu'elle tend à s'affirmer à cette époque. Sa popularité, auprès de ses contemporains comme de nos jours, tient à la fois au réalisme sobre et délicat de ses portraits, au raffinement érotique de ses nus, et à sa profonde implication dans la diffusion des principes et de l'esprit de la Réforme.

Peintre à la cour de l'électeur de Saxe et fondateur d'un atelier prospère, il nous a légué une œuvre d'une extraordinaire variété, tant par ses thèmes iconographiques que par ses techniques (peinture à l'huile, gravure sur bois ou sur cuivre) et son évolution stylistique. Qu'il s'applique au traitement de sujets mythologiques, religieux ou profanes, le style de Lucas Cranach se présente comme une synthèse originale des traditions italienne, flamande et germanique. Alliant la piété à l'érotisme et le souci du réalisme aux atmosphères fantastiques, l'art Lucas Cranach fascine par sa nature hybride et son apparente légèreté.

L'ESPACE GERMANIQUE ET LA CULTURE DE COUR

L'épanouissement artistique de Lucas Cranach est étroitement lié au développement politique, économique et culturel du Saint Empire romain germanique au XVIᵉ siècle, ainsi qu'au contexte particulier de la concurrence entre les différentes cours européennes. Le mécénat artistique apparaît, en effet, comme un enjeu majeur pour la valorisation des puissances en présence, qu'il s'agisse du royaume de France, du Saint Empire, du duché de Bourgogne ou encore de la Russie et de la Bohême.

Organisé autour de nombreuses structures politiques, le Saint Empire se compose alors de villes libres, de territoires ecclésiastiques et de différents royaumes (principautés, duchés et comtés) de langue allemande, unis par leur loyauté à un empereur élu, issu de la maison des Habsbourg : Maximilien Iᵉʳ (1459-1519), de 1508 à 1519, puis Charles Quint (1500-1558), de 1519 à 1558. Ainsi, en dépit de la variété des pouvoirs territoriaux, une véritable cohésion culturelle et artistique émerge au sein de l'espace germanique. Parallèlement, la fragmentation politique conduit à l'établissement de dizaines de cours et résidences princières dont les rivalités et les relations diplomatiques s'expriment, entre autres, à travers la commande artistique.

Lucas Cranach l'Ancien bénéficie pour sa part de l'important rayonnement culturel et intellectuel de la cour de l'électorat de Saxe, établie dans la ville de Wittenberg, sous les règnes successifs de Frédéric III le Sage (1463-1525), de Jean le Constant (1468-1532) et de Jean Frédéric le Magnanime (1503-1554), tous trois favorables aux idées de la Réforme. Fondateur de l'université de Wittenberg qui accueille de nombreux humanistes allemands, mais également mécène averti, Frédéric III le Sage fait de sa cour un important centre humaniste et artistique. Il constitue une remarquable collection de peintures et passe de nombreuses commandes auprès de grands maîtres de la peinture allemande, italienne ou flamande. Ses successeurs appellent eux aussi auprès d'eux d'éminents artistes dont les réalisations doivent accroître la renommée de leur cour et démontrer leur autorité.

À partir des années 1520, la Réforme et l'éclatement confessionnel qu'elle génère au sein de l'Empire favorisent l'accroissement du pouvoir des grands princes qui se lancent dans une concurrence redoublée avec l'empereur, laquelle prend notamment l'aspect d'une guerre des images. Le portrait, peint ou gravé, des protecteurs de la Réforme devient ainsi un support de propagande et tient lieu de véritable profession de foi religieuse et politique. Les artistes de cour conservent quant à eux une clientèle éclectique, dont les goûts tendent aussi bien à la frivolité et à la sensualité qu'à la piété et à l'illustration moralisante.

LA RÉFORME, ENTRE CRISE SPIRITUELLE ET RENOUVELLEMENT DE L'ART

Ami et partisan de Martin Luther (1483-1546), Lucas Cranach est souvent considéré comme le peintre par excellence de la Réforme. Ses portraits du réformateur allemand, ainsi que ses gravures didactiques ont, en effet, durablement marqué l'image du protestantisme et contribué à la diffusion de sa dogmatique à travers toute l'Europe du XVIe siècle.

Dès le XVe siècle, l'Église d'Occident est l'objet de nombreux mouvements contestataires qui remettent en question aussi bien son autorité que son fonctionnement. Le pouvoir absolu de la papauté, les préoccupations temporelles plus que spirituelles du haut clergé ou le commerce des indulgences sont régulièrement condamnés. Le renouvellement de la sensibilité religieuse au début du XVIe siècle, associé au sentiment d'une corruption générale de la foi et du culte au sein de l'Église romaine, mène donc à la création d'églises dissidentes et à la diffusion de nouvelles positions spirituelles et morales, parmi lesquelles celles de la réforme luthérienne. Ainsi, le 31 octobre 1517, Martin Luther, alors moine et professeur de théologie, appose sur les portes de l'église du château de Wittenberg 95 thèses, ou arguments à discuter, qui condamnent la dérive commerciale de l'Église, affirment le caractère direct de la foi et discutent les modes d'accomplissement du salut de l'âme. Dans les années qui suivent, après la publication de nouveaux manifestes, Luther est excommunié et mis au ban de l'empire par la diète de Worms en 1521. Mais cela n'empêche pas ses idées, soutenues notamment par les électeurs de Saxe, de se répandre en Allemagne.

Initialement peu favorable à l'utilisation des images, Luther s'ouvre progressivement à leur usage dans le cadre de la prédication. L'illustration d'épisodes bibliques réinterprétés comme la mise en œuvre de certaines vertus cardinales de l'esprit de la Réforme peut en effet servir l'éducation des fidèles. L'implantation du protestantisme en Allemagne à partir de 1525 favorise donc le développement d'un art religieux et didactique, fondé sur une iconographie nouvelle, auquel Lucas Cranach participe étroitement.

Parallèlement, alors que la tradition artistique allemande est encore très pénétrée des principes de l'art gothique médiéval, au XVIe siècle, les écoles artistiques et les créateurs s'ouvrent progressivement aux innovations esthétiques de la Renaissance italienne et au réalisme analytique d'un groupe de peintres actifs en Flandres, appelés *a posteriori* les primitifs flamands. Cette mutation est favorisée par la circulation des artistes et des œuvres, mais également par l'invention et l'expansion de l'imprimerie, qui concourent à la diffusion des idées nouvelles. Soucieux d'élaborer à leur tour un art original, expression renouvelée du génie germanique, les artistes, peintres et graveurs allemands redoublent d'inventivité et de virtuosité technique. Ils ouvrent ainsi la période dite de la Renaissance allemande, laquelle commencera à s'essouffler à partir des années 1550.

L'ESSOR DE LA GRAVURE AU XVIᵉ SIÈCLE

L'extraordinaire développement de la gravure s'impose comme un facteur essentiel de cette affirmation du génie germanique. Si Albrecht Dürer en est sans doute le plus illustre représentant et fait de la gravure un art majeur, de nombreux autres graveurs élaborent, tout au long du XVIᵉ siècle, une approche nouvelle qui se distingue tant par son graphisme que par le choix très libre des sujets. L'école de Nuremberg, à laquelle appartient Dürer, se révèle particulièrement perméable aux influences italiennes, tandis qu'Albrecht Altdorfer, associé à l'école du Danube, privilégie le naturalisme local, et que Hans Baldung Grien se distingue par le caractère sensuel et fantastique de ses iconographies.

Parmi les différentes techniques de gravure, la plus ancienne est la gravure sur bois, une technique d'impression sur papier élaborée dès le début du XVᵉ siècle. Elle suppose d'épargner le dessin, représenté sur une planche de bois, tandis que les blancs et les zones lumineuses sont évidés. Le dessin en relief peut alors être encré et reporté sur une feuille de papier. À partir des années 1470, les imprimeurs illustrent systématiquement leurs ouvrages à l'aide de bois gravés. D'autres techniques et divers perfectionnements voient ensuite le jour, tels que la gravure sur bois en clair-obscur ou la taille douce sur plaque de métal. Les bois ou planches de cuivre gravés permettent la production d'une grande variété d'images, qu'il s'agisse de représentations de saints, d'estampes populaires et satiriques ou encore d'illustrations de propagande.

BIOGRAPHIE

LA PÉRIODE VIENNOISE ET L'ÉCOLE DU DANUBE

Originaire de Franconie, Lukas Müller naît à Kronach (ou Cranach), près de Bamberg, le 4 octobre 1472 et passera à la postérité sous le nom de Lucas Cranach, dit l'Ancien, désignation dérivée de son lieu de naissance et marquant son antériorité sur son fils, l'artiste Lucas Cranach le Jeune (1515-1586). Il n'existe quasiment aucun témoignage sur les années de formation de Cranach l'Ancien dont les œuvres antérieures à 1500 ont disparu. La légende voudrait qu'il se soit formé dans l'atelier paternel, mais on ne sait en réalité rien de la profession de son père ni des activités de l'artiste jusqu'à ses 30 ans.

Ses premières œuvres datées sont réalisées à Vienne, en Autriche, où il s'installe vers 1500 et réside jusqu'en 1504. Il y côtoie le milieu humaniste (comme en témoigne le *Portrait du Dr Johannes Cuspinian*, 1502) et développe un style typique de sa première période. Sa production de peintures sur bois témoigne de sa connaissance et de sa maîtrise, tant des inventions de la Renaissance italienne que des spécificités de la peinture flamande du xve siècle. Les éléments caractéristiques de cette première manière de Cranach le rattachent au style de l'école dite du Danube.

L'ÉCOLE DU DANUBE

L'école du Danube désigne un courant artistique de la première moitié du xvie siècle réunissant différents artistes de Bavière et d'Autriche, parmi lesquels Albrecht Altdorfer ou Wolf Huber (vers 1485-1553). C'est dans le domaine de la peinture de paysage, qui tend alors à s'imposer comme un genre pictural à part entière, que ces artistes ont une influence décisive.

La Crucifixion des Écossais (vers 1500), le plus ancien tableau de chevalet du maître conservé à ce jour, atteste, en outre, de la profonde influence de l'art de Matthias Grünewald (1475/1480-1528) et, surtout, de celui d'Albrecht Dürer sur les recherches de Cranach. Ce dernier tend cependant à développer un style plus irréaliste que celui de Dürer, tout en se nourrissant de ses innovations.

Enfin, notons encore que la période viennoise de Cranach est aussi celle d'une intense production de gravures, un domaine dans lequel il excelle et qui fera sans doute sa renommée jusqu'au duché de Saxe. S'inscrivant là encore dans la lignée de Dürer, il réalise notamment une série de bois gravés illustrant les épisodes de la Passion du Christ, tels que *Le Christ au Jardin des oliviers* (vers 1501). Dans le même temps, il produit différentes illustrations pour l'imprimeur viennois Johannes Winterburger (vers 1460-1519) et participe ainsi à l'élaboration du *Missale Pataviense*, un missel imprimé en mai 1503 pour l'évêché de Passau.

RENOMMÉE ET PROSPÉRITÉ D'UN PEINTRE DE COUR

C'est en 1505 que Frédéric III le Sage, alors électeur de Saxe et gouverneur impérial, appelle auprès de lui Lucas Cranach qui s'installe donc à Wittenberg, berceau de la Réforme, où il demeurera pendant près de 50 ans. Nommé peintre officiel de la cour, il fonde bientôt un atelier de peinture prospère et bénéficie régulièrement des faveurs de son protecteur puis de ses successeurs.

En 1508, il est envoyé en mission diplomatique aux Pays-Bas, auprès de l'empereur Maximilien Ier. Fortement impressionné par les œuvres d'art flamand et italien qu'il y découvre, il réalise un portrait, aujourd'hui disparu, du futur Charles Quint. À son retour, il est anobli et reçoit le droit de se créer un blason d'or représentant un serpent ailé. Celui-ci remplacera ou accompagnera dorénavant son monogramme sur les œuvres réalisées de sa main et deviendra la marque de son atelier.

En tant que peintre de cour, Cranach se voit confier différentes tâches telles que la décoration des châteaux (meubles peints, peintures murales ou décors éphémères aujourd'hui disparus), la réalisation de nombreux portraits officiels ou encore la production de cadeaux diplomatiques, destinés à diffuser la renommée du duc-électeur à travers l'Empire et l'Europe. Il est avant tout célébré pour ses talents de portraitiste (*Portrait de Frédéric III le Sage*, 1531), qu'il met à profit pour définir l'image officielle des électeurs de Saxe.

L'ART DU PORTRAIT EN EUROPE DU NORD

Le genre du portrait individuel se développe à partir du XVe siècle dans le style gothique international puis dans l'art bourgeois, sous l'influence conjointe des artistes de la Renaissance italienne et des primitifs flamands. Le portrait n'a plus désormais pour seule fonction de manifester et de célébrer l'état, la fonction ou le prestige du personnage représenté ; il doit avant tout être ressemblant. Ce souci de concordance dans la représentation de soi implique dès lors une recherche de naturalisme dans le détail et un goût accru pour la caractérisation psychologique, qui vont constituer les bases du portrait moderne.
Le genre du portrait individuel autonome, mais également du portrait de couple, connaît un succès particulier en Allemagne au XVIe siècle, sous l'influence du mouvement réformé. Les principaux acteurs de cette tendance sont Lucas Cranach, Albrecht Dürer et Hans Holbein le Jeune (vers 1497-1543).

Peu à peu, la clientèle de Cranach se diversifie et de nouveaux marchés s'offrent à lui, ce qui l'incite à élargir son répertoire thématique (scènes de chasse, thèmes profanes à succès, sujets religieux conventionnels) et à intensifier sa production d'atelier. Homme d'affaires averti, il connaît une carrière brillante et une réussite matérielle certaine, qui concourent à sa solide réputation auprès de ses contemporains.

UN ARTISTE DE LA RÉFORME ET UN ENTREPRENEUR AVISÉ

Partisan de Luther, l'artiste est par ailleurs sollicité pour de nombreuses commandes d'œuvres religieuses émanant d'une riche clientèle catholique. En 1516, il contribue ainsi à la réalisation du livre de prières de l'empereur Maximilien Ier, collaborant pour ce projet avec, entre autres, Dürer. Il réalise également de nombreux retables consacrés à la Vierge (*La Madone à la grappe*, vers 1520-1525) ou à différents saints (*Le Martyre de sainte Catherine*, vers 1508-1509 ; *La Décapitation de saint Jean-Baptiste*, 1515) dont les sujets, souvent conventionnels, permettent cependant la pleine expression du style de l'artiste.

Mais il travaille aussi à plusieurs reprises pour le cardinal Albrecht de Brandebourg (1490-1545), archevêque de Mayence et opposant convaincu à la Réforme, réalisant des dizaines de tableaux et de retables pour l'église fondée par ce dernier à Halle (*Le Cardinal Albert de Brandebourg en saint Jérôme*, 1527). Peintre de conviction, conscient de ses privilèges et de ses devoirs au regard de sa fonction de peintre officiel de la cour, et fervent défenseur de la Réforme, Cranach n'en demeure pas moins un entrepreneur avisé, soucieux de préserver son indépendance d'esprit.

À côté de son succès en tant qu'artiste, il devient d'ailleurs un membre important de la ville de Wittenberg. En 1520, il fait l'acquisition d'une pharmacie et reçoit pour celle-ci le privilège du duc-électeur. Cranach n'ayant aucune compétence d'apothicaire, cette officine (qui restera la propriété de la famille Cranach jusqu'en 1707) lui sert essentiellement de source de revenus, à laquelle il ajoute quelques années plus tard celle d'une librairie. En 1523, il se dote en outre d'une imprimerie qui lui permet d'éditer les écrits de Martin Luther. De nombreuses gravures sur bois, souvent pour des tracts illustrés polémiques, sortent alors des presses de Cranach. À partir de 1534, il est alternativement élu membre du conseil et bourgmestre de la ville de Wittenberg, par trois fois.

En 1546, l'empereur Charles Quint, hostile à la Réforme, entre en campagne contre l'électeur de Saxe Jean Frédéric, finalement vaincu à Mühlberg en 1547. Échappant de justesse à la peine de mort, ce dernier n'a d'autre choix que d'accepter la cession de son électorat à Maurice de Saxe (1521-1553). D'une loyauté à toute épreuve envers ses protecteurs, Cranach tente d'intervenir auprès de l'empereur en faveur de son maître et refuse d'entrer au service de Maurice de Saxe. En 1550, le peintre, alors âgé de 80 ans, accompagne Jean Frédéric en captivité à Augsbourg, puis à Innsbruck. Une fois libéré, l'ancien duc-électeur, accompagné du peintre, s'installe dans une nouvelle résidence à Weimar où l'artiste s'éteint en 1553. Lucas Cranach l'Ancien est inhumé au cimetière de l'église Saint-Jacques.

CARACTÉRISTIQUES

QUESTIONS DE STYLE : LES MANIÉRISMES DE LUCAS CRANACH

La production de Lucas Cranach, bien que d'une évidente originalité à la fois sur les plans stylistique et thématique, repose sur la rencontre de l'artiste avec les œuvres et recherches d'artistes contemporains. Son style, qui s'exprime aussi bien dans la peinture de chevalet que dans la gravure ou le dessin, se développe autour des grands principes constitutifs de la peinture allemande du XVIe siècle, à savoir : la permanence de traits médiévaux et régionaux, la sensibilité aux inventions de la Renaissance italienne et l'assimilation de l'art des primitifs flamands. Plus précisément, Cranach est généralement considéré comme un peintre maniériste.

LE STYLE MANIÉRISTE

Le maniérisme est un style artistique qui se développe, en particulier dans le domaine de la peinture, au XVIe siècle en Italie, avant de se diffuser dans différents pays européens, notamment en Europe du Nord. Style anticlassique par excellence, on lui reconnaît pour principaux représentants Pontormo (1494-1557), Rosso (1494-1540) et Parmesan (1503-1540). Ses principales caractéristiques sont l'irréalisme (corps humain à la ligne serpentine, déformation des perspectives et contrastes accrus), le raffinement et la sophistication, ainsi qu'un goût certain pour le fantastique et l'ésotérique.

De manière générale, chez Cranach, le style maniériste s'exprime à travers un dessin précieux, travaillé et gracieux, des personnages aux attitudes coquettes et aux silhouettes sinueuses, ou encore une palette chromatique vive et un certain goût des contrastes (corps aux chairs claires sur fonds sombres ou stylisation des personnages dans des paysages naturels très détaillés). L'irréalisme fantastique de ses paysages justifie également son rattachement à cette tendance stylistique, bien que, dans ses œuvres tardives, le paysage, si prééminent durant la période viennoise, ne tende à être réduit à sa fonction de décor, quand il ne s'efface pas au profit d'un fond sombre.

En réalité, Cranach adapte sa manière au gré des désirs de ses commanditaires ainsi qu'aux sujets traités, et son maniérisme connaît donc plusieurs évolutions tout au long de sa carrière. Ainsi, les œuvres réalisées à Vienne, alors que l'artiste, âgé d'une trentaine d'années, a déjà atteint une certaine maturité artistique, se distinguent par leur réalisme exacerbé, l'expressivité de leurs figures, et leur style à la fois pathétique et pittoresque, comme en témoignent ses premiers chefs d'œuvres tels que *La Crucifixion des Écossais*, *Saint Jérôme pénitent* ou *Repos pendant la fuite en Égypte* (1504). Les mises en scènes dramatiques, le dynamisme des paysages et la liberté du dessin résultent d'une interprétation, dans un style déjà très personnel, des leçons de Dürer.

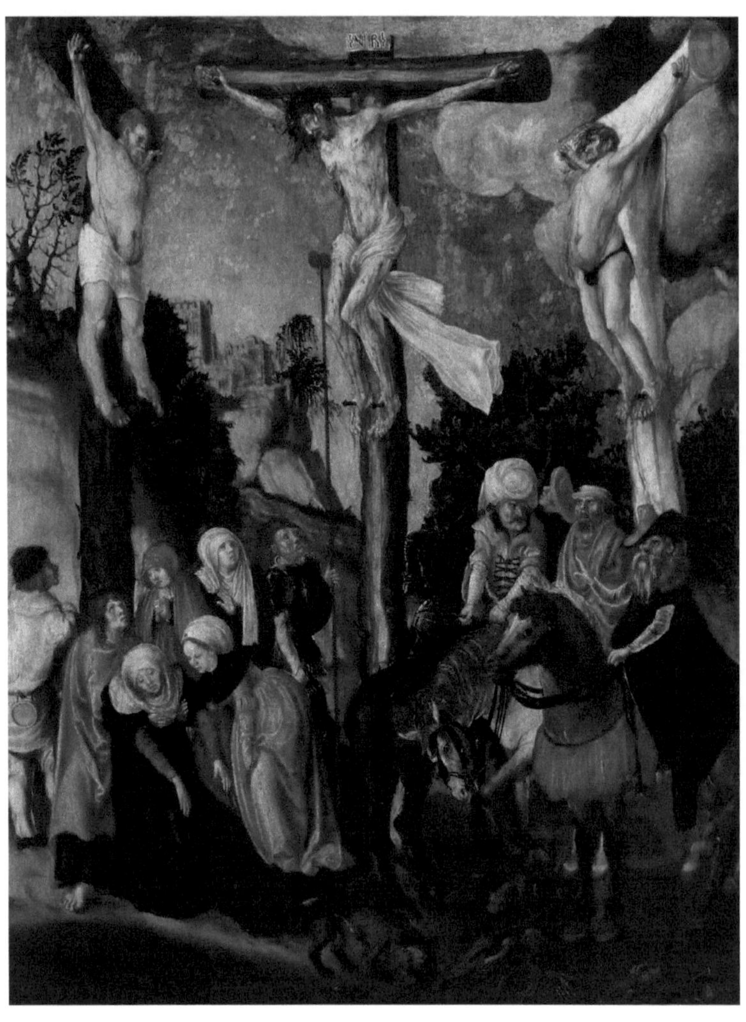

CRANACH L'ANCIEN (Lucas), *La Crucifixion des Écossais*, vers 1500, huile sur panneau de bois, 58,5 x 45 cm, Vienne, Kunsthistorisches Museum.

Ses nouvelles fonctions de peintre officiel à la cour de Saxe, à partir de 1505, ainsi que les goûts de sa nouvelle clientèle, exercent une influence décisive sur le développement de son œuvre, et ce dès ses premières années à Wittenberg. Son style perd de sa puissance expressionniste pour se faire plus modéré, plus sobre, plus linéaire et plus stylisé. Son maniérisme confine alors parfois à une certaine froideur qui témoigne, sinon d'un affadissement, du moins d'un apaisement de sa première manière.

Enfin, à partir des années 1520, les toiles du maître souffrent d'un caractère répétitif que l'on attribue à une production d'atelier accrue, rançon de la gloire de l'artiste. Ses portraits perdent en caractérisation individuelle (une tendance qui ne concerne pas les études à l'encre ou au pinceau) et les différentes versions de sujets à succès se multiplient, donnant lieu à des compositions simples, aux caractéristiques neutres et de facture plus lisse. Demeure cependant ce style plaisant et gracieux caractéristique de la manière de Cranach dont l'archaïsme apparent (au regard des apports théoriques de l'art italien tels que la science de la perspective ou la connaissance des justes proportions du corps) exprime sans doute le désir d'affirmation d'un art proprement germanique.

BEAUTÉS ÉROTIQUES ET FEMMES FATALES

L'acquisition récente (2010) du chef-d'œuvre *Les Trois Grâces* (1531) par le musée du Louvre souligne à nouveau l'importance du thème du nu dans l'œuvre de Lucas Cranach l'Ancien. Ses silhouettes longilignes et graciles se révélant sur fond noir dans une brutalité toute sensuelle, ou bien s'animant dans des paysages fantastiques, firent sans doute la renommée du peintre et contribuèrent à la prospérité de son atelier. Aujourd'hui encore, ses beautés au teint laiteux, à la taille haute et aux seins menus, dont les yeux en amande soulignent un visage en cœur, et dont les chapeaux à la fois raffinés et étranges n'accentuent que davantage la sensualité des corps nus, demeurent la marque de fabrique de l'artiste – dont elles représentent par ailleurs près d'un tiers des tableaux qui nous sont parvenus. Tous les thèmes servent de prétexte au développement du genre érotique dans l'œuvre de Cranach, qu'ils

soient bibliques (nombreuses versions d'*Adam et Ève*), mythologiques (*Vénus et Cupidon voleur de miel*, 1531 ; *La Nymphe de la
source*, après 1537) ou allégoriques (*Allégorie de la Justice*, 1537 ;
La Charité, vers 1540). On pourrait cependant s'étonner que ce
peintre officiel de la cour de Saxe, ardent défenseur de la réforme
luthérienne, travaillant également pour de prestigieuses figures
du clergé, ait ainsi contribué au développement de la peinture
érotique en Allemagne.

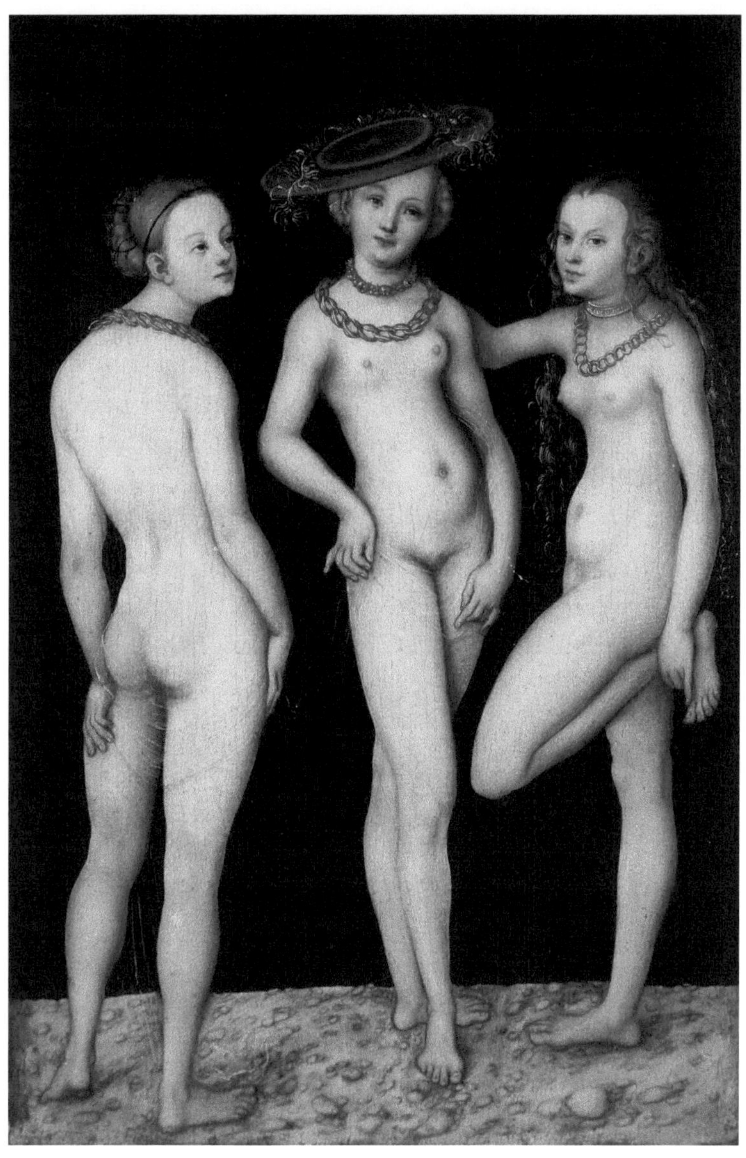

CRANACH L'ANCIEN (Lucas), *Les Trois Grâces*, 1531, huile sur panneau de bois, 37 x 24 cm, Paris, musée du Louvre.

Pour étudier cet aspect essentiel de son œuvre, il convient de le replacer plus précisément dans la tradition artistique de l'Europe du Nord. En effet, si l'Italie de la Renaissance renoue naturellement avec le nu comme mode d'expression par excellence de la beauté antique, artistes et mécènes allemands comme flamands restent, quant à eux, soumis à une certaine conception médiévale et chrétienne de la nudité du corps, entendue comme symbole du péché originel ou objet de pitié, voire de honte. La multiplication des nus, masculins comme féminins, dans la production artistique de l'Europe du Nord dès le deuxième quart du XVIᵉ siècle procède de deux facteurs distincts : le goût nouveau des commanditaires pour la représentation de la sensualité et l'influence de la réforme luthérienne, plus particulièrement de l'attitude nouvelle qu'elle permet face à la sexualité. Dès lors, rien de surprenant à ce que Cranach ne produise dans le même temps des illustrations de la théologie luthérienne et de troublantes nymphes dénudées à la sensualité quasi érotique, dont les pieds nus, reposant généralement sur un sol de pierre, constituent l'un des traits caractéristiques de l'œuvre de l'artiste (*Le Jugement de Pâris*, vers 1512).

Par ailleurs, les œuvres érotiques produites par Cranach et son atelier sont porteuses d'un discours moral, voire politique, qui dépasse le simple plaisir des sens. En effet, à partir des années 1520, l'artiste multiplie les représentations d'héroïnes légendaires (*Lucrèce*, 1525-1530 ; *Judith tenant la tête d'Holopherne*, vers 1530) incarnant aux yeux des protestants leur lutte contre le pouvoir autoritaire de Charles Quint. La femme fatale devient ainsi une figure récurrente dans l'œuvre du peintre qui fait montre, dans le même temps, d'un intérêt particulier pour le thème de la *Weibermacht* (le pouvoir de la femme sur l'homme). Cette thématique littéraire, très populaire en Allemagne depuis la fin du Moyen Âge où elle est présente aussi bien dans les sermons que dans les pièces de théâtre ou les chansons de troubadours, est particulièrement prisée des imprimeurs au début du XVIᵉ siècle. De nature satirique, elle permet d'illustrer avec humour la folie des hommes et l'amour vénal, et peut également être interprétée comme une mise en garde contre les femmes. En outre, l'illustration d'épisodes de l'Ancien Testament (*Samson et Dalila*, vers 1530) et de scènes mythologiques (*Hercule chez Omphale*, 1537) permet à l'artiste de délivrer certaines instructions d'ordre moral : l'amour rend aveugle, il faut se méfier de la ruse des femmes, etc. Le tableau *Les Amants mal assortis* (1522), conservé à Budapest, illustre ainsi l'emprise de la femme sur l'homme en proie à la lubricité. Ce thème connaît un succès immédiat puisque plus de quarante variations sur le sujet nous sont parvenues.

LE PEINTRE ET LE RÉFORMATEUR : ART ET CONVICTIONS RELIGIEUSES

À côté de sa production de nus et de sujets courtois, Lucas Cranach s'attelle intensément à la diffusion des dogmes et de l'esprit de la Réforme. Produisant de nombreux portraits de Luther (*Martin Luther et Katharina Von Bora*, 1529 ; *Portrait de Martin Luther*, 1543) et favorisant le développement de l'iconographie protestante, il met ainsi son talent artistique au service de la foi évangélique et donne, à proprement parler, un visage à la Réforme.

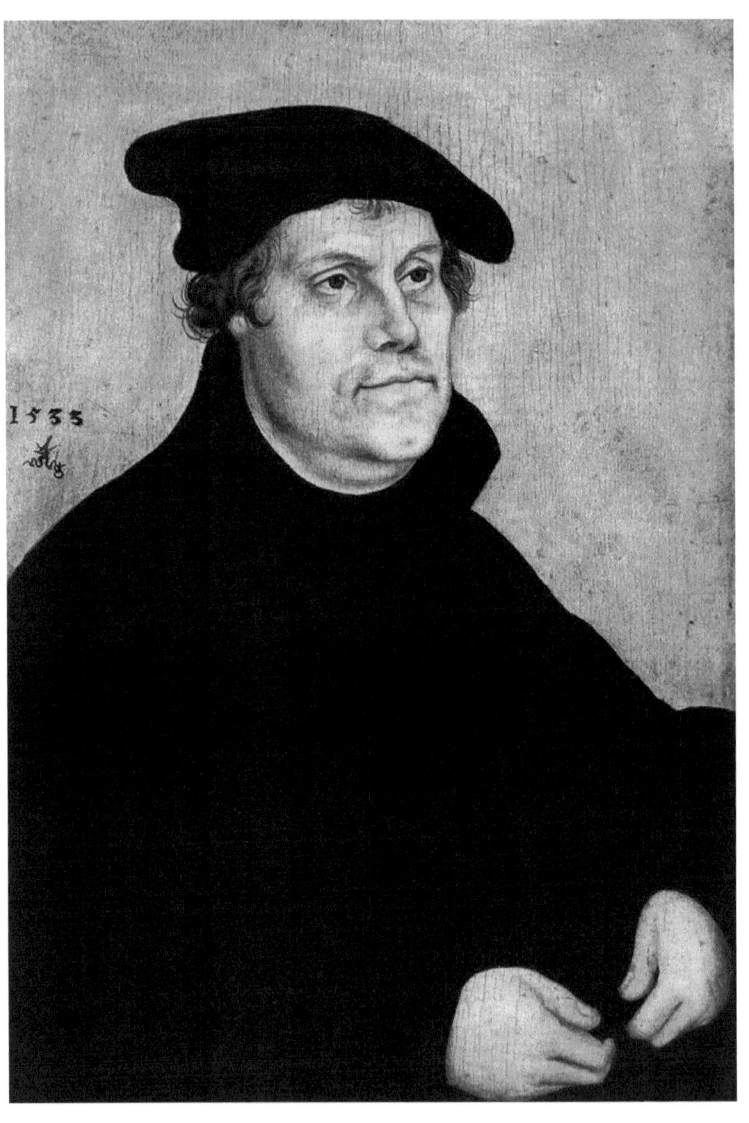

CRANACH L'ANCIEN (Lucas), *Portrait de Martin Luther*, 1543, huile sur panneau de bois, 30 x 23 cm, Nuremberg, Germanisches Nationalmuseum.

Intime de Martin Luther, l'artiste est témoin de son mariage et est le parrain de l'une de ses filles. Il réalise les portraits des différents membres de la famille et collabore avec lui à plusieurs reprises,

Luther définissant les thèmes à illustrer et Cranach exécutant les œuvres peintes ou gravées. L'artiste réalise ainsi différentes œuvres mettant en scène le thème de la Loi et l'Évangile élaboré par le théologien (*Loi et Évangile*, 1529), et produit une série de gravures sur bois antipapistes intitulée *La Passion du Christ et l'Antéchrist* (1521).

L'un des apports majeurs de Cranach à la diffusion de la Réforme consiste également dans l'élaboration d'une iconographie didactique inédite et dans la réalisation de nombreux tableaux représentant des thèmes chers au public protestant tels que l'allégorie de la Charité ou le Christ et la femme adultère (*Le Christ et la femme adultère*, vers 1520), qui diffusent les idées nouvelles de la Réforme que sont le salut par la grâce et la prédication de l'Évangile. Les images développées par Cranach, dont certaines fondent de nouvelles traditions iconographiques, sont toutes nourries des prédications de Luther et visent à mettre en scène les événements ou préceptes bibliques dans le contexte culturel et historique de l'Allemagne du XVIe siècle.

SÉLECTION D'ŒUVRES

SAINT JÉRÔME PÉNITENT

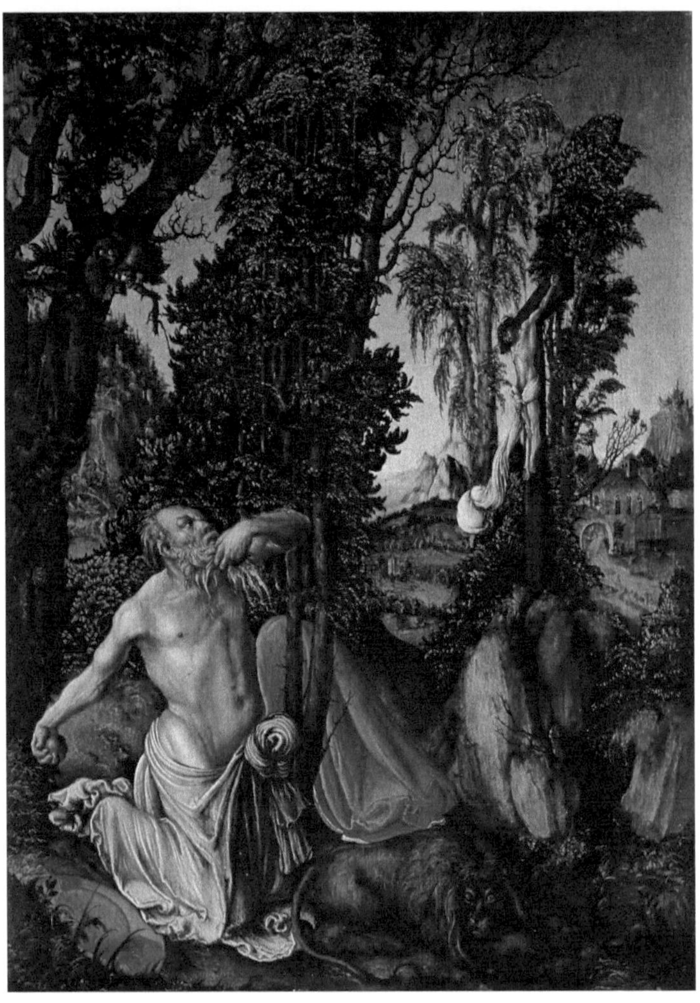

Saint Jérôme pénitent, 1502, huile et tempera sur panneau de bois, 56 x 42 cm, Vienne, Kunsthistorisches Museum.

Saint Jérôme, docteur de l'Église du IVe siècle, est ici figuré à demi-dévêtu, débarrassé de sa tenue de cardinal, et immergé dans un paysage boisé et hostile. Il est accompagné du lion dont, selon le récit diffusé par Jacques de Voragine (vers 1228-1298) dans *La Légende dorée*, le saint aurait soigné la patte blessée durant sa retraite au désert. Tenant dans sa main droite une pierre, symbole de pénitence accomplie, il est représenté dans l'attitude de la contemplation, tombé à genoux devant un crucifix à l'arrière-plan duquel apparaît une église à trois vitraux, symbole de la Trinité. L'apparition du Christ en croix doit alors être interprétée comme préfiguration des béatitudes célestes auxquelles l'ermite pourra accéder par la maîtrise de ses passions.

Cette œuvre, caractéristique de la première manière de Cranach l'Ancien telle qu'elle s'exprime dans ses réalisations viennoises, reprend un thème hagiographique célèbre dont l'iconographie traditionnelle s'affirme aux XVe et XVIe siècles : la pénitence de saint Jérôme. Alors que l'art médiéval privilégiait la représentation de saint Jérôme étudiant la Bible, les artistes de la Renaissance italienne et des pays du Nord s'intéressent désormais à sa pénitence au désert, conçu non pas comme la simple illustration d'un épisode hagiographique édifiant mais comme l'expression même de l'exigence chrétienne d'élévation spirituelle.

Loin des silhouettes sinueuses et graciles qui feront sa fortune, Cranach élabore ici une figure de pénitent au corps musculeux, marqué par l'âge et l'ascèse, dont la posture contorsionnée et la gestuelle dramatique sont typiques du réalisme exacerbé de ses premières œuvres. Les attributs iconographiques traditionnels (le chapeau de cardinal et le lion blessé) sont relégués au second plan afin de mettre en exergue l'identification du fidèle aux douleurs de saint Jérôme. Celles-ci sont rendues palpables par les similitudes entre les corps souffrants du saint et du

Christ en croix, mais également grâce au traitement similaire du périzonium et du drapé blanc qui couvre saint Jérôme. En outre, le paysage conçu par Cranach, tout d'abord sombre et sauvage puis s'ouvrant progressivement sur la civilisation, se fait l'écho de l'état psychologique du personnage et de son accomplissement spirituel exemplaire.

VÉNUS ET CUPIDON VOLEUR DE MIEL

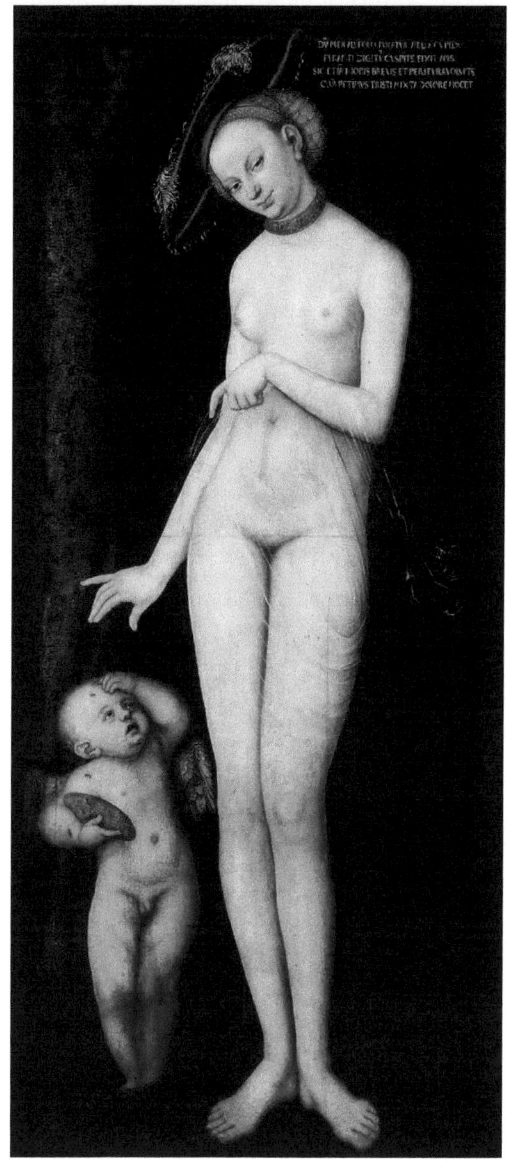

Vénus et Cupidon voleur de miel, 1531, huile sur panneau de bois, 176 x 80 cm, Bruxelles, musées royaux des Beaux-Arts de Belgique.

Sur un fond sombre duquel se détache un tronc d'arbre fendu, la déesse païenne Vénus apparaît nue, les hanches discrètement ceintes d'un voile transparent qu'elle retient de la main gauche. À sa droite, le dieu Cupidon, personnification de l'Amour prenant l'aspect d'un jeune enfant doté d'une paire d'ailes, porte une section de miel en rayon d'une main, tandis que de l'autre il se presse le front en signe de souffrance. Quelques abeilles piquent le corps du jeune dieu qui, de douleur, a laissé tomber à ses pieds son carquois rempli de flèches. La gestuelle des deux personnages laisse supposer entre eux un échange verbal.

Cette scène, dont l'iconographie est établie et diffusée par l'atelier de Cranach, a pour source un poème des *Idylles* de l'auteur grec Théocrite (vers 300-250 av. J.-C.). Le récit veut que Cupidon, poussé par la gourmandise, ait cherché à prendre le miel d'une ruche dont les abeilles ne tardèrent pas à riposter en assaillant le voleur inconscient. Venu se plaindre à sa mère, il se serait vu répondre par cette dernière que ces petits insectes ne sont pas plus dangereux pour l'enfant que ses propres flèches d'amour ne le sont pour les hommes.

Autour de 1530, l'artiste produit différentes versions de ce thème mythologique particulièrement propice à la mise en scène de ses célèbres beautés érotiques. Mais ici le plaisir des sens n'est pas l'enjeu essentiel du tableau. Bien au contraire, Cranach, à travers le choix de ce sujet mythologique, entend mettre en garde le spectateur contre les tentations amoureuses. L'attitude éminemment séductrice de la déesse vient illustrer ce propos sous-jacent, apparentant ainsi l'œuvre à une fable moralisatrice. Le quatrain reproduit dans l'angle supérieur du tableau explicite quant à lui cette interprétation qui se fait, notamment, l'écho de la morale protestante contemporaine.

PORTRAIT PRÉSUMÉ DE MAGDALENA LUTHER

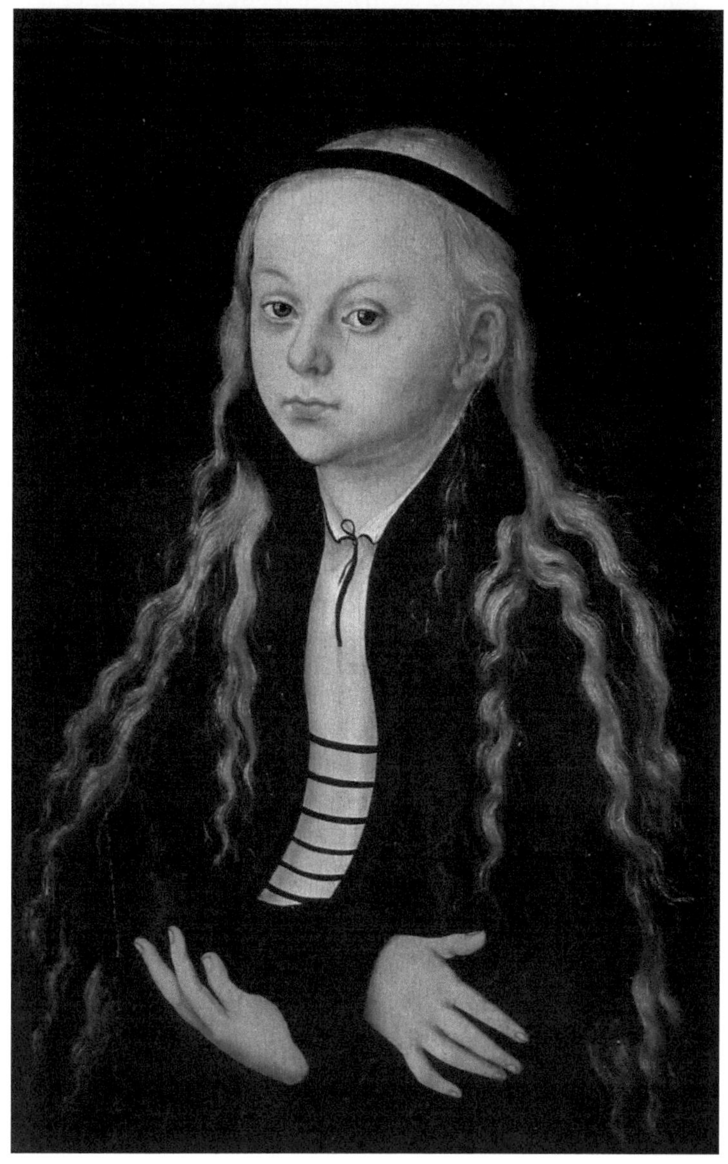

Portrait présumé de Magdalena Luther, vers 1542, huile sur panneau de bois, 41 x 26 cm, Paris, musée du Louvre.

Il s'agit du portrait présumé de Magdalena Luther (1529-1542), la fille de Martin Luther, décédée de maladie à l'âge de 13 ans, et dont l'artiste fut le parrain. La jeune fille est ici représentée en buste de trois quarts sur fond noir, les bras simplement repliés devant elle dans une attitude sereine. Les mains et le visage sont traités avec un évident souci de réalisme visant à traduire la psychologie du personnage : le regard, dirigé à l'extérieur du tableau, semble mature et raisonnable, empreint d'une certaine conscience de soi ; les mains, délicatement potelées, se soutiennent l'une l'autre, dans une posture quelque peu maladroite trahissant l'âge intermédiaire de cette jeune fille nubile. Le reste de la figure est construit par contrastes, de manière plus synthétique, à l'aide de lignes serpentines. La cascade de boucles de cheveux blonds, seul élément de préciosité, dessine les contours du buste, comme un halo de lumière laissant deviner la profondeur de l'espace du tableau. La tenue se veut d'une grande sobriété, se résumant à un manteau noir au large col mettant en valeur les traits du visage, ouvert sur un vêtement blanc à décor de fines rayures noires auxquelles le nœud au col et le bandeau dans les cheveux font écho. Quant à la posture de la jeune fille, austère et méditative, elle est en parfaite harmonie avec la palette restreinte de couleurs, qui associe le noir profond aux teintes d'ivoire et de chair, fascinant par sa sobriété quasi puritaine.

Si la dimension commémorative du portrait est perceptible dans l'attention portée au rendu naturaliste des traits individuels, la composition et le choix des couleurs, caractéristiques de la tradition du portrait allemand de la réforme luthérienne, témoignent avant tout des qualités spirituelles et morales de la jeune enfant. Le refus du moindre signe de coquetterie, tel que la présence de bijoux ou la richesse d'une étoffe, s'inscrit ici clairement dans l'esprit du protestantisme, fondé sur le souci constant du salut et sur le mépris des préoccupations mondaines. L'artiste prend donc ses distances aussi bien avec l'exubérance et l'allégresse de la tradition italienne contemporaine – pensons par exemple aux portraits réalisés par Titien (vers 1488-1576) – qu'avec la fonction démonstrative et publicitaire des portraits bourgeois flamands.

Cranach semble cependant vouloir adoucir l'austérité générale du portrait en utilisant des lignes courbes comme éléments de transition entre les différentes parties du tableau. De même, le rendu des plis du cou et la petitesse du buste de la jeune fille traduisent sans nul doute la tendresse de l'artiste pour sa filleule.

LUCAS CRANACH L'ANCIEN, UNE SOURCE D'INSPIRATION

À la tête d'un atelier prospère et fort d'une réputation solidement établie, Lucas Cranach l'Ancien n'eut cependant que peu d'élèves ou suiveurs immédiats, sinon le plus connu, son propre fils, le peintre Lucas Cranach le Jeune. Tout comme son frère aîné, Hans Cranach (mort en 1537), Cranach le Jeune est formé dès son plus jeune âge dans l'atelier de son père dont il reprend la direction à la mort de ce dernier.

Ayant longtemps collaboré aux travaux (notamment de gravure) du défunt maître, il reprend à son compte le style de sa dernière manière et signe ses tableaux du même motif. Les similitudes, tant stylistiques qu'iconographiques, entre les œuvres des deux artistes rendent parfois difficiles certaines attributions. Toutefois, Lucas Cranach le Jeune exagère parfois certaines tendances du style d'atelier qui fit la fortune de la famille et force souvent la palette chromatique. Il achève notamment le retable dit de Weimar (1555), lequel fait apparaître Luther et Lucas Cranach l'Ancien au pied de la Crucifixion. Ce tableau illustre les liens intellectuels et d'amitié qui unissaient les deux hommes et témoigne de l'attachement du fils aux convictions religieuses de son père.

L'œuvre de Cranach le Jeune comprend principalement des portraits, dans la lignée de ceux de son père, mais également des versions simplifiées de thèmes mythologiques ou allégoriques. En 1551, il réalise ainsi au palais de Dresde un cycle de peintures de grand format autour de divers épisodes de la vie d'Hercule. Enfin, on lui doit notamment un portrait de Lucas Cranach l'Ancien, daté de 1550, ou encore un portrait en buste de Philippe Melanchthon (1497-1560), un humaniste et réformateur religieux disciple de Luther, réalisé en 1559.

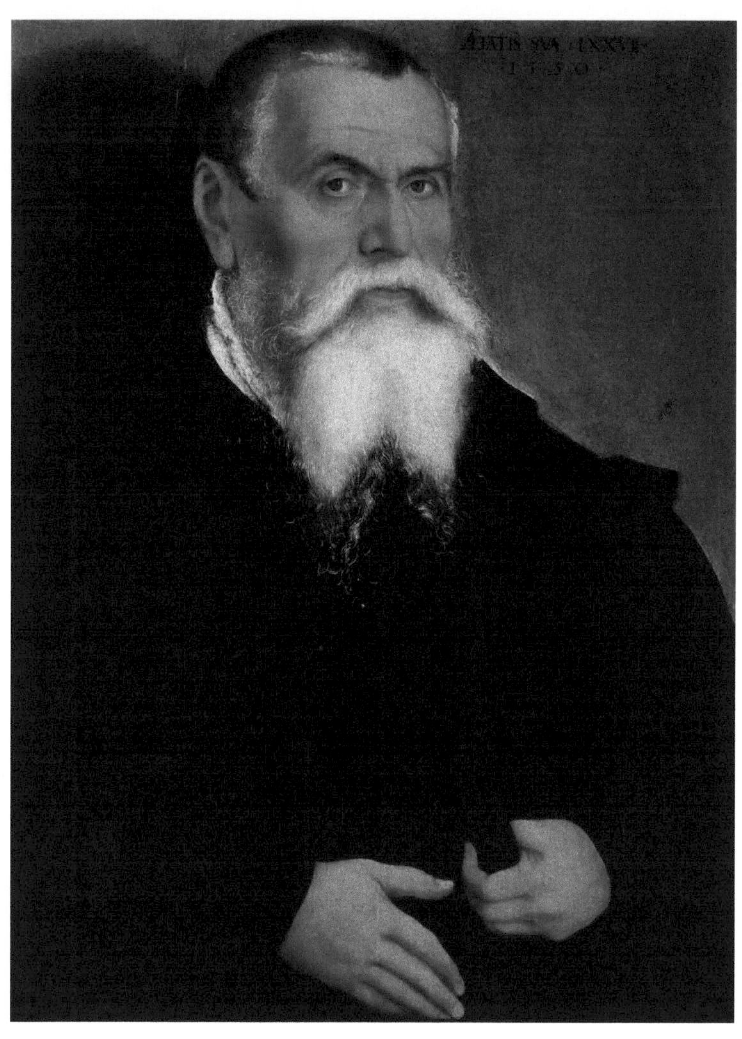

CRANACH LE JEUNE (Lucas), *Portrait du père de l'artiste*, 1550, huile et tempera sur panneau de bois, 64 x 49 cm, Florence, galerie des Offices.

Lucas Cranach l'Ancien exerce en outre une profonde influence sur le développement de l'art de la gravure sur bois et sur métal. Il travaille en effet à l'élaboration de nouvelles techniques d'impression, perfectionne l'art de la gravure en clair-obscur et pousse jusqu'à la virtuosité les effets stylistiques qu'autorise ce domaine d'expression.

Il apparaît donc comme l'un des grands acteurs de l'âge d'or de la gravure allemande, aux côtés de Dürer, Altdorfer et Baldung. Il contribue également, comme on l'a déjà dit, à l'épanouissement d'un art protestant à travers la conception d'une iconographie inédite et la diffusion d'images didactiques propres à soutenir la cause protestante. Et, enfin, de manière générale, son œuvre demeure un des piliers de l'histoire de l'art allemand tel qu'il tend à se renouveler à partir de la fin du XVe siècle, à la frontière entre l'humanisme italien et le gothique germanique.

EN RÉSUMÉ

- Lucas Cranach l'Ancien est un peintre et graveur allemand dont l'œuvre reflète le contexte politique, religieux, culturel et artistique de l'espace germanique durant la première moitié du XVIᵉ siècle.

- Peintre à la cour des électeurs de Saxe durant près de 50 ans, il connaît une brillante carrière et dirige un atelier prospère dont la renommée dépasse les frontières de l'Empire.

- Ses talents de portraitiste ainsi que ses capacités d'adaptation aux goûts de ses contemporains lui permettent de travailler pour des commanditaires variés, et de produire une œuvre riche et éclectique, tant par ses sujets que par son style.

- Si Cranach est généralement considéré comme un artiste maniériste, sa production connaît, au fil de sa carrière, des évolutions stylistiques majeures. Ainsi, on découpe habituellement son parcours en trois périodes artistiques distinctes : la période viennoise, marquée par son appartenance à l'école du Danube (1500-1504), la période du maniérisme apaisé, à partir du moment où il intègre la cour des électeurs de Saxe (1505-1520), et la dernière période, qui coïncide avec une intense production d'atelier, synonyme de stylisation et de résurgences gothiques (1520-1553).

- Chez Cranach, la représentation des nus aboutit à l'élaboration d'un canon féminin caractéristique de son œuvre, et qui devient l'élément emblématique d'une peinture à la fois érotique et moralisatrice.

- Mais à côté de ce type d'œuvres, l'artiste, ami intime de Martin Luther, met également son art au service de la cause protestante et de la diffusion des idées de la Réforme. Il élabore ainsi une iconographie didactique inédite et réalise de nombreux tableaux représentant des thèmes chers au public protestant.

POUR ALLER PLUS LOIN

SOURCES BIBLIOGRAPHIQUES

- BUGLER (Caroline), *Strange Beauty: German Paintings at the National Gallery*, Yale, Yale University Press, 2014.
- *Cranach Digital Archive*, consulté le 18/05/2015. http://www.lucascranach.org
- HAUS (Anny Claire), *Dürer, Baldung Grien, Cranach l'Ancien. Collection du Cabinet des estampes et des dessins*, Strasbourg, Musées de la ville de Strasbourg, 2008.
- KOERNER (Joseph Leo), *The Reformation of the Image*, Chicago, University of Chicago Press, 2004.
- *Lucas Cranach et son temps*, catalogue d'exposition (7 férvier-23 mai 2011, musée du Luxembourg, Paris), Paris, Flammarion et RMN, 2011.
- MESSLING (Guido), *Cranach et son temps*, Paris, Flammarion, 2011.
- NOBLE (Bonnie), *Lucas Cranach the Elder: Art and Devotion of the German Reformation*, Lanham, University Press of America, 2009.
- RENOUARD DE BUSSIÈRE (Sophie), « Le phénomène Cranach, maître de la Renaissance allemande », in *L'Estampille. L'Objet d'art*, 2007, n° 430, p. 38-51.

SOURCES ICONOGRAPHIQUES

- CRANACH L'ANCIEN (Lucas), *Adam et Ève*, 1526, huile sur panneau de bois, 117 x 81 cm, Londres, Courtauld Gallery. La photo reproduite est réputée libre de droits.
- CRANACH L'ANCIEN (Lucas), *La Crucifixion des Écossais*, vers 1500, huile sur panneau de bois, 58,5 x 45 cm, Vienne, Kunsthistorisches Museum. La photo reproduite est réputée libre de droits.

- CRANACH L'ANCIEN (Lucas), *Les Trois Grâces*, 1531, huile sur panneau de bois, 37 x 24 cm, Paris, musée du Louvre. La photo reproduite est réputée libre de droits.
- CRANACH L'ANCIEN (Lucas), *Portrait de Martin Luther*, 1543, huile sur panneau de bois, 30 x 23 cm, Nuremberg, Germanisches Nationalmuseum. La photo reproduite est réputée libre de droits.
- CRANACH L'ANCIEN (Lucas), *Portrait présumé de Magdalena Luther*, vers 1542, huile sur panneau de bois, 41 x 26 cm, Paris, musée du Louvre. La photo reproduite est réputée libre de droits.
- CRANACH L'ANCIEN (Lucas), *Saint Jérôme pénitent*, 1502, huile et tempera sur panneau de bois, 56 x 42 cm, Vienne, Kunsthistorisches Museum. La photo reproduite est réputée libre de droits.
- CRANACH L'ANCIEN (Lucas), *Vénus et Cupidon voleur de miel*, 1531, huile sur panneau de bois, 176 x 80 cm, Bruxelles, musées royaux des Beaux-Arts de Belgique. La photo reproduite est réputée libre de droits.
- CRANACH LE JEUNE (Lucas), *Portrait du père de l'artiste*, 1550, huile et tempera sur panneau de bois, 64 x 49 cm, Florence, galerie des Offices. La photo reproduite est réputée libre de droits.

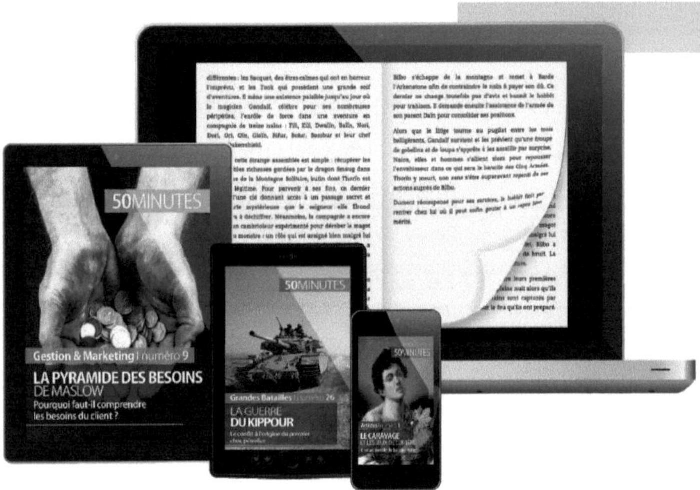

www.50minutes.com

Éditeur responsable : Lemaitre Publishing
Rue Lemaitre 6 | BE-5000 Namur
info@lemaitre-editions.com

ISBN ebook : 978-2-8062-6221-9
ISBN papier : 978-2-8062-6172-4
Dépôt légal : D/2015/12603/17
Photo de couverture : © *Adam et Ève* (1526),
par Lucas Cranach l'Ancien.

Conception numérique : Primento,
le partenaire numérique des éditeurs